# GALIZIEN

Fotografien
von Guido Baselgia
Mit einem Essay
von Verena Dohrn

Jüdischer Verlag
Frankfurt am Main

Erste Auflage 1993
© Jüdischer Verlag im Suhrkamp Verlag
Frankfurt am Main 1993
Alle Rechte vorbehalten
Satz und Druck: Wagner GmbH, Nördlingen
Printed in Germany

# GALIZIEN

# MYTHOS GALIZIEN

Lange haben wir keine neuen Bilder aus jenen Grenzlandschaften des alten Europa gesehen, die man heute Westukraine nennt und die einmal Ostgalizien, Bukowina hießen. Die Aufnahmen des Krieges, der Vernichtung hatten das, was nicht verschüttet, verweht, verbrannt, noch aus Friedenszeiten geblieben war, verdeckt: Familienfotos, Stadtansichten von Lemberg und Czernowitz, von den Ringplätzen des Ostens, Bilder vom Schtetl, vom ukrainischen Straßendorf, dem huzulischen Bergdorf. »Militärisches Sperrgebiet« nannte man diese Landschaften in der Sowjetunion. Das Fotografieren der galizischen Ebene, der Flußtäler in den Waldkarpaten, der Hügel des Buchenlandes war lange verboten. Jahrzehnte bewahrten Vorkriegsbilder Erinnerungen. Galizien, die Bukowina hatten keinen anderen Ort. In der Schule lasen wir Gedichte von Paul Celan und erfuhren nicht, daß er aus der Bukowina stammt; Gedichte, die die jüdische Kindheit und Jugend in Czernowitz, die Transnistrien bergen. Die Bukowina, Galizien verflüchtigten sich zu literarischen Welten.

Juden in Polen, in der Westukraine waren für uns Nachkriegsgeborene die Toten von Auschwitz, Treblinka, Majdanek, Bełzec, Warschau, Transnistrien; waren ferner Bilder vom armen Kaftanjuden mit Schläfenlocken und Schädelkappe, die Frauen mit *schaitl*, der Perücke der Frommen; fremde, exotische, nostalgische Bilder zum Klang jiddischer Lieder und Klezmermusik. Schimpfworte waren Galizien, galizischer Jude vor dem Krieg für die ostjüdischen Flüchtlinge in den Gettos der europäischen Metropolen gewesen. Joseph Roth schrieb über sie – seine Landsleute –, derselbe Joseph Roth, den ein deutsches Lexikon nicht anders als renommierten österreichischen Schriftsteller kennt. Paul Celan, Joseph Roth, viele andere, revolutionäre Denker, bekannte Schriftsteller, kommen aus Czernowitz, Lemberg, Tarnopol, Brody, Buczacz, Drohobycz, Zabłotów, Czortków ... aus der ehemaligen k.u.k. Provinz Galizien, dem einstigen Kronland Bukowina. Der erste Weltkrieg, der polnisch-sowjetische Krieg, Stalinismus, Nationalsozialismus, der zweite Weltkrieg und schließlich der Staatssozialismus haben diese Landschaften am Südostrand des alten Europa verwüstet, zerstört, ihre polnischen, rumänischen, deutschen Bewohner auseinandergejagt, von den jüdischen die meisten umgebracht, und die deutsche Geschichte hat den wesentlichen Anteil an dieser mörderischen Verwüstung. Der Eiserne Vorhang des Kalten Krieges hatte den Blick, den Weg dorthin abgeschnitten. Der Verlust war's, der Celans Gedichte ungebunden erscheinen ließ, der sie mit unsagbarer Trauer versiegelte. Unmöglich ist's, das Werk an der Herkunft des Autors zu messen, an den Ort der Kindheit zu binden, ihm vielleicht gar Lokalkolorit zu unterstellen oder mit seiner

Hilfe Landschaft zu illustrieren. Dichtung hat keine Heimat, keinen Ort. Notwendig aber ist es und nach der Öffnung des »Ostblocks« auch leichter möglich geworden, den Grenzlandschaften Galizien, der Bukowina in der Westukraine Bibliotheken zurückzuerstatten, der Gegenwart Erinnerungen zu geben, diese Regionen mit neuen Augen zu sehen.

Die Landschaft Galizien wird vom Weichsellauf im Nordwesten, dem Karpatenbogen im Südwesten, den belorussischen Sümpfen im Nordosten begrenzt und liegt nach Südosten, zur podolischen Platte hin, ungeschützt da. Daß der Wind, der von dieser Seite weht, eine furchtbare Gewalt hat, wußte der Pojaz Alexander Kurländer alias Sender Glatteis aus Barnow und kämpfte im Namen seines Autors Karl Emil Franzos tapfer gegen ihn an. Von Krakau im Westen bis Tarnopol im Osten, von Zamość im Norden bis Czernowitz im Süden erstreckte sich die k.u.k. Provinz. Lemberg war ihre Hauptstadt, Czernowitz die Hauptstadt Maghrebiniens, Brody das Zentrum der »Berliner« in Galizien, der jüdischen Aufklärung (Haskala) und Tarnopol die Dependance von Brody. Czortków war ein chassidisches Stetl. Dagegen dünkte sich Buczacz, nicht weit davon, aufgeklärt. Ölvorkommen hatten das Städtchen Drohobycz in ein Industriegebiet verwandelt. »Gewiß, es würde nicht schwerfallen, diesen oder jenen Ort, dessen Name uns aus Geschichte und Literatur geläufig ist, auf einer Karte der Ukrainischen SSR oder der Volksrepublik Rumänien ausfindig zu machen, und mit einiger Mühe mag es vielleicht sogar gelingen, eine Reise dorthin zu buchen: Aber die an die vertrauten Namen anklingenden Ortsbezeichnungen sind nichts weiter als leere Buchstabenhülsen, die nur mehr den flüchtigen Duft der Erinnerung an eine unwiederbringlich verlorene Welt in sich bewahren, die hier und da erhalten gebliebenen architektonischen Denkmäler sind Relikte einer ehemaligen Gemeinsamkeit, die nicht mehr zum Leben erweckt werden kann«, schreibt Martin Pollack in seinem Buch *Nach Galizien* (1984), das mich im Sommer 1989 dennoch zu einer Reise dorthin verführte. Nach der Reise schrieb ich: Für viele sind die Namen galizischer Städte nicht mehr als Schall und Rauch, und Auschwitz bleibt das Tor nach Galizien. Bełżec ist eines seiner Todeslager gewesen. Transnistrien heißt die Gegend, wo der Tod, der Meister aus Deutschland, die Juden aufspielen hieß zum Tanz. Ermordet ist das jüdische Galizien, verloren, verschwunden die Vielvölkerkultur. Aber Steine, Bauwerke, Ruinen, Mahnmale, Grabsteine, Bücher und – vereinzelt – Menschen halten die Erinnerung wach. Buchstaben sind keine leeren Hülsen.

# Mythos Galizien

Dreimal wurden die Staatsgrenzen Galiziens, der Bukowina nach dem Zerfall des Habsburger Reiches neu gezogen. Nach dem ersten Weltkrieg, dem ihm folgenden polnisch-sowjetischen Krieg gewann Polen Galizien ganz. Die Bukowina entschied sich 1918 für den Anschluß an Rumänien. Im Herbst 1939 änderten Hitler und Stalin eigenmächtig den Grenzverlauf. Die Nationalsozialisten nahmen sich den Westen, die Sowjets den Osten Galiziens. Im Juni 1940 marschierte die Rote Armee auch in die Bukowina ein. Dabei blieb es nach dem zweiten Weltkrieg, was Galizien anbelangt: der Westteil kam an Polen, der Osten mit der ehemaligen Hauptstadt Lemberg/Lwów, nun Lwow, an die Sowjetukraine. Die Bukowina wurde in den sowjetischen Norden und den rumänischen Süden geteilt. Galizien, die Bukowina wurden abgeschnitten von der westlichen, an den Rand gedrängt in der östlichen Welt. Vorwiegend Polen leben im polnischen, Sowjetbürger, ein Konglomerat aus Russen, Belorussen, Polen, Juden, Armeniern, vor allem aber Ukrainern, im ukrainischen Teil. Auch die Bukowina mit der ehemaligen Hauptstadt des k.u.k. Kronlands Czernowitz, heute Tschernowzy, ist im Norden mehrheitlich von Ukrainern bewohnt, im Süden überwiegen Rumänen. Seit der »Ostblock« zerfällt, beginnen sich die Bevölkerungen der ehemals staatssozialistischen Republiken zu differenzieren, sich an traditionelle – konfessionelle, ethnische, kulturelle, nationale – Zugehörigkeiten zu erinnern, sie neu zu beleben. Seit dem Spätsommer 1991 ist die Ukraine ein souveräner Staat. Auch Polen, Rumänien haben den Staatssozialismus über Bord geworfen. Die Grenze ist durchlässig geworden. Der Wunsch nach Grenzüberschreitung ist groß. Menschen wandern, flüchten von Osten nach Westen. Warteschlangen verstopfen die Grenze. Polen fahren nach Osten auf der Suche nach ihrer Kindheitswelt, meist aber um Handel zu treiben. Rumänen, die ehemaligen Sowjetbürger, Ukrainer, Belorussen, Moldawier, dürfen endlich nach Westen reisen. Oft treibt sie die nackte Not. *Business*, Devisen, der Reichtum des Westens locken. Der internationale Handelsverkehr hat zugenommen, auch das touristische Reisen.

Seit Jahrhunderten sind Galizien, die Bukowina umstrittene Regionen, in Abwandlung eines Lyotard-Zitats: *Pagus*, Grenzland, in dem die Kulturen um den »Verkettungsmodus« kämpfen. Krieg und Handel. Dazu Mittelfeld – oder »Wiege«, im Sinne der Bewegungsform, aber nicht »Heimat« – der Ost-West-Wanderungs- und Fluchtbewegungen der europäischen Judenheit. Alte Handelsstraßen von Schlesien nach Rußland, vom Baltikum zum Schwarzen Meer kreuzen sich in Galizien. Westslawen konkurrieren mit Ostslawen um den Machtbereich, die russische Hegemonialkultur kämpft mit der deutschen um Einfluß. Beide Seiten versuchen, die Ruthenen, die Bewohner Rotrußlands – heute werden sie Westukrainer genannt –, auf ihre Seite zu ziehen. Die Deutschen sprechen von westlicher Zivilisation in der Ukraine, die Russen von slawisch-orthodoxer Tradition, und die Westukrainer grenzen sich ab von den eher russisch, rechtgläubig orientierten Ostukrainern, sind wachsam gegenüber ihren westlichen Nachbarn, den Polen, drehen und wenden sich zwischen den Hegemonialen je nach Möglichkeiten. Galizien, die Bukowina, nun Westukraine können nicht sein, was sie nicht sein dürfen: Grenzregionen mit Vielvölkerkultur, gemischten Ethnien und Konfessionen und darin ganz eigenen Zugehörigkeiten und Traditionen.

Nehmen Sie Lemberg/Leopolis/Lwów/Lwow/Lwiw: Danielo Galitzki, ein ruthenischer Fürst, baute Lemberg Mitte des 13. Jahrhunderts, schenkte es seinem Sohn Lew, benannte es nach ihm. Hundert Jahre später eroberte, verwüstete der polnische König Kasimir III. Burg und Stadt, baute darauf das polnische Lwów, verlieh ihm die Magdeburger Rechte – Stadtrechte, die jahrhundertelang das Wirtschaftsleben mittelosteuropäischer Städte regierten. Der polnische König gab deutschen, jüdischen, armenischen, griechischen Kaufleuten, Handwerkern Siedlungs-, Handels- und Arbeitsrecht. Lwów war an der »Hohen Straße« gelegen. Orientwaren, Getreide und Vieh wurden auf diesem Weg nach Breslau und Leipzig gebracht; Salz, Stoffe, andere Gewerbeerzeugnisse nach Kiew und weiter nach Rußland. Lwów wurde eine Handels-, eine Vielvölkerstadt, Erzbistum der Katholiken, der Griechisch-Katholischen, der armenischen Kolonie, derzeit der größten armenischen Diasporagemeinde. Zwei jüdische Gemeinden bildeten sich in Lwów in der zweiten Hälfte des 14. Jahrhunderts, eine außerhalb, eine innerhalb der Stadtmauern. Mitte des 15. Jahrhunderts entstand sogar eine Karäergemeinde in der Vorstadt von Lwów. Als die Stadt Mitte des 17. Jahrhunderts im Befreiungskampf der Kosaken von der polnischen Adelsherrschaft belagert wurde, hätten, berichtet der Chronist Nathan Hannover, jüdische Kaufleute es gegen Gold und Silber freigekauft. Für die tapfere Verteidigung der Stadt sei eine Reihe von Lemberger Bürgern in den Adelsstand erhoben worden, betont die polnische Legende. Der Zar unterstützte die Kosaken zwar gegen die Polen, versagte ihnen jedoch eine eigene Republik. Die Kosaken wurden Vasallen des Zaren. So blieb es mit kurzen kriegerischen Unterbrechungen bis vor zwei Jahren. Nach den polnischen Teilungen fiel die Stadt den Habsburgern zu. Im 19. Jahrhundert war Lwów Lemberg, Hauptstadt der k.u.k. Provinz Galizien. Die Herrschaft der Habsburger haben nicht die Ukrainer, sondern die Aufstände der Polen erschüttert, 1830/31, 1848, 1863. Nach dem ersten

Weltkrieg, nach den Kämpfen der polnischen »Jungen Adler« gegen Budjonnys Reiterarmee wurde Lemberg wieder Lwów in der neugegründeten polnischen Republik. Als im Herbst 1939 die Rote Armee einmarschierte, ließen die Sowjets ein Drittel der drei Millionen in Lwów und Ostgalizien lebenden Polen nach Sibirien verschleppen. Nur ein Teil von ihnen kehrte zurück. Zweimal, in den Kriegszeiten, haben die nach Unabhängigkeit strebenden Ukrainer in diesem Jahrhundert auf die Hilfe des Westens gesetzt, beim zweiten Mal in der fragwürdigen Allianz mit den Nationalsozialisten. Die Sondertruppen der SS ließen mit Hilfe ihrer ukrainischen Hilfspolizei die Juden von Lwów ermorden, im Getto, in Piaski, im Janowsker Lager, im Vernichtungslager Bełzec, unweit von Lwów. Die Spuren solchen Massenmordens hat man in der Sowjetunion lange verwischt. Auch dort gab es einen staatlich verordneten Antisemitismus mit Diskriminierung, Verfolgung, Mord, einen Antisemitismus, der bis in die Gegenwart nachwirkt, sich mit einem alten, alltäglichen Haß gegen Juden verbindet. Das Lwow der Sowjetzeit geriet in Vergessenheit, verkam zu einer Provinzstadt im Randgebiet, trotz seiner knapp eine Million Einwohner, denen die Rüstungsindustrie bis vor kurzem ihren Lebensunterhalt garantierte. Das ukrainische Lwiw soll wieder Großstadt, Mittelpunkt der Westukraine werden. Lwiw ist das Zentrum der ukrainischen Befreiungsbewegung RUCH, seit der Unabhängigkeit eher eine nationale Sammelbewegung zu nennen, in der Demokraten, Wendehälse, Chauvinisten miteinander um die Vormacht streiten. Unklar, welche ökonomische, politische Entwicklung Lwiw nehmen wird, was geblieben ist, was bleibt von der Vielvölkerstadt. Noch leben dort starke Minderheiten, mehr als 20% Russen, auch Polen, Belorussen, Juden. Die ukrainische Regierung hat im vergangenen Jahr ein Gesetz zum Schutz dieser Minderheiten erlassen, das Kulturautonomie garantiert. Die meisten polnischen Einwohner von Lwów, die überlebt hatten, wurden gleich nach dem Krieg nach Polen, meist nach Niederschlesien, »repatriiert«. Aber viele Lemberger beherrschen noch die polnische Sprache. Sie können mit dem Wojwoden von Zamość grenzüberschreitende Zusammenarbeit im Lemberger Gebiet planen, mit den polnischen »Freunden von Lemberg«, die sich 1989 zusammenfanden, Denkmalpflege, Erinnerungen bereden, solange patriotische Ansichten nicht im Wege stehen. Juden, die gegenwärtig noch in Lwiw leben – 18000 sollten es 1989 noch sein; in der ganzen Ukraine: 500000, 1% der Bevölkerung –, sind selten Einheimische, kamen zumeist erst nach dem Krieg aus der Moldau, aus Rußland, den Ostgebieten der Ukraine, Belorußlands. Einige von ihnen treffen sich in der seit 1988 existierenden jüdischen Kulturgesellschaft. Viele Juden wandern aus, nach Israel, Amerika, auch nach Deutschland. Es gibt schon lange keinen armenischen Erzbischof, keinen katholischen mehr in Lwow/Lwiw, aber die griechisch-katholische Kirche, die 1945 aufgelöst, deren Gemeinde, Besitz in die russisch-orthodoxe Kirche überführt worden war, kann nun alte Rechte geltend machen. Man erstattete ihr die erzbischöfliche Residenz, die Kirche des Heiligen Jura, andere Gotteshäuser zurück. Den Juden wurden zwei Synagogen wiedergegeben, die eine der religiösen Gemeinde, die andere der Kulturgesellschaft. Eine Bibliothek, ein Museum, ein Begegnungszentrum richtete man darin ein. Auch in der armenischen Kathedrale, bisher Ikonenmuseum, sollen wieder Gottesdienste stattfinden. In dem Kirchenkampf, der im Laufe des Zerfalls der Sowjetunion entbrannte, entstanden zur allgemeinen Verwirrung neben der griechisch-katholischen noch eine ukrainisch-orthodoxe und eine autokephale ukrainische Kirche. Religiöse Renaissance nennen es die einen, die anderen einfach Suche nach Sinn, Zugehörigkeiten im Sog des Zerfallprozesses bisher geltender Wertsysteme oder Kampf um die Neuverteilung von Macht und Besitz.

Reisen nach Galizien, in die Bukowina waren für die meisten Menschen westlich des Eisernen Vorhangs Lesereisen in eine mythische Welt mit Karl-Emil Franzos, Samuel Joseph Agnon, Joseph Roth, Józef Wittlin, Paul Celan, Rose Ausländer, Itzig Manger, Manès Sperber, Leopold von Sacher-Masoch, Gregor von Rezzori ... Zufällig verschlug es uns im Jahre 1975 wirklich nach Lwow. Der altersschwache Mercedes-Diesel 190 hatte uns vorzeitig zur Rückkehr aus Rußland nach Westen gezwungen und damit zu abwegigen Aufenthalten. Auf dem Marktplatz standen wir, ahnungslos, ringsherum hohe, baufällige, dunkelgraue Häuser. Durch enge Straßen, Gassen streiften wir, verirrten uns in Kirchenmauern, die ein Gruselkabinett der Religionsgeschichte, ein marxistisch-leninistisches Atheismus-Museum bargen. Fremd war alles und doch schien etwas seltsam vertraut. Die Renaissanceattiken, die Barockschnörkel an den Giebeln der alten Bürgerhäuser am Platz, die verwinkelten Gassen, die hohen Kuppeln, die reichverzierten, schweren Portale der Kirchen und Kathedralen, Heiligenlegenden in Stein gemeißelt, die Brunnen am Markt, Standbilder antiker Götter, klassizistische Fassaden. (Jeder sieht, was er kennt.) Das war nicht Rußland.

Allenfalls Abenteuerreisende aus dem Westen zog es damals hinter die hermetische Grenze. Nach Tschernowzy, ins luxuriöse »Tscheremosch« gelangte man wohl noch ungehindert – von Bukarest her mit der Eisenbahn –, auch nach Lemberg, ins »Intourist«, dem alten k.u.k. Hotel »George« – am leichtesten von Rußland aus, von Moskau –, aber nicht nach Brody, Tarnopol oder in die Waldkarpaten. Seit der Eiserne Vorhang zu zerreißen begann, fahren Reisende statt über Moskau von Krakau her über Przemyśl, und sei es mit dem Bummelzug (vier Stunden für 100 km), nach Lwiw, Tarnopol, Brody ... Gespräche, die dann, schon im Zug, entstehen, sind Fäden, zwischen Menschen, Städten in Ost und West gespannt. Damit endet nicht Melancholie und Trauer um die Verluste, auch nicht der Mythos, die Vielfalt möglicher Illusionen über diese Grenzlandschaften, in denen einst ... Damit eröffnet sich bloß die Möglichkeit, sie wieder und neu zu sehen, Verbindungen herzustellen. Bei den Vertriebenen wechselt der Wunsch mit der Angst vor einer solchen Reise, vor allem bei denen, die am meisten gelitten haben. »Was soll ich heute in Tschernowzy?« so oder ähnlich entgegnete Edith Silbermann. Die Erinnerungen an den Jugendfreund Paul Celan verbürgt ein Buch, das sie schrieb. »Die Stadt ist nicht mehr die, die sie vor dem Krieg war. Die Menschen, die sie ausmachten, sind nicht mehr.« Der Sammler und Dichter Alfred Kittner dagegen zeigte sich unternehmungslustig, wollte Transnistrien, den Steinbruch am Bug wiedersehen, das Lager, das er durchlitten hatte, und Czernowitz, seine Heimatstadt, in der er beinahe sein halbes Leben verbrachte, vielleicht seine schönste Zeit. Alfred Kittner sah Transnistrien, die Bukowina nicht wieder, starb nach einem Schlaganfall fünfundachtzigjährig in Düsseldorf im Sommer 1991. Der Schriftsteller Edgar Hilsenrath unternimmt in Gedanken, in einem neuen Roman wieder und wieder seine Reise in die Bukowina, die, eine Flucht vor den Nazis, in deren Fängen ihr Ende nahm. Gregor von Rezzori, der Autor des *Hermelin in Tschernopol*, der *Maghrebinischen Geschichten*, lächelt verschmitzt. Er war 1989 zum ersten Mal wieder in Tschernowzy alias Czernowitz, seiner Heimatstadt, fand sein Elternhaus nicht, wohl aber etwas von der alten Vielvölkerstadt, spielte gar mit dem Gedanken, dort seinen Lebensabend zu verbringen. Denen, die es aus Czernowitz nicht in den Westen, sondern nach Rußland verschlug, waren die Wege zurück ins westliche Grenzland beschwerlich, wenig verlockend, aber nicht abgeschnitten. Der jüdische Schriftsteller Josef Burg kehrte Ende der 1960er Jahre aus Naltschik im Nordkaukasus für immer nach Tschernowzy zurück. Und die Einhorns – »[...] Einhorn / Du weißt um die Steine / Du weißt um die Wasser [...]« (Paul Celan über seinen Jugendfreund) – könnten, wenn sie wollten, ihr Haus in Tschernowzy wieder bewirtschaften.

Jüdische, deutsche, rumänische Bukowiner, jüdische, deutsche, polnische, ukrainische Galizier reisen nun für ein paar Tage oder Wochen in ihre Kindheit, die Welt ihrer Eltern zurück. Jeder sieht die Städte mit anderen Augen. Der Journalist aus Warschau klagt über den Verfall, die Ödnis des noch sowjetukrainischen Lwow, das polnische Lwów sei verschwunden. »Lemberg ist noch immer, trotz 45 Jahren Kommunismus und seiner Mangelwirtschaft, eine wunderschöne Stadt«, hält ihm eine Lembergerin aus Odenthal entgegen. Wenn er nichts Schönes in der Stadt habe entdecken können, so liege das an seiner Betrachtungsweise, er wünsche eben nur, typisch Polnisches zu sehen. Die Lembergerin entdeckte viele alte deutsche Hausbezeichnungen am Ringplatz, fand die k.u.k. Vielvölkerstadt wieder auf ihrer Reise nach Lwow. Und Halina B., deren Vater aus der Westukraine stammt, sieht zum ersten Mal die westukrainische Metropole Lwiw, verteidigt die Patrioten.

Jene, die nach Galizien, in die Bukowina reisen und die nicht ihre Lebensgeschichte in diese Grenzlandschaften führt, sind vielleicht ebenso befangen, sehen, was sie sehen möchten. Viele verbindet ein Roman, eine traurige Liebschaft mit Galizien, mit der Bukowina. Bücherliebhaber, Sammler reisen; linke Nostalgiker liebäugeln mit den bröckelnden Fassaden des Ostens, sehen die wirtschaftliche Not der Anwohner, der Denkmalpfleger als wohltuenden Gegensatz zu den glatten Fassaden des Westens, als ehrliches, schonungsloses Antlitz der Welt. Touristen amüsieren die neuerlich in Mode gekommenen Kostümparaden der Kosaken.

Wir fuhren im Sommer 1989 nach Galizien, in die Bukowina, nach Tschernowzy, sahen uns Lwow zum zweiten Mal an, wußten nun mehr von dem »bunten Fleck im Osten Europas«, von der »polyglotten Farbigkeit«, die Lemberg in Joseph Roths Jugendzeit hatte, wohnten im ehemaligen »Hotel George« am Mickiewicz-Platz. Lenin stand noch auf dem Sockel vor der Oper. Erst im folgenden Jahr wurde er gestürzt. In Kolomea, einem Städtchen am Rande der Waldkarpaten unweit von Tschernowzy – Sacher-Masochs Don Juan kommt von dort –, wurden jüdische Grabsteine unter dem Sockel des Lenin-Denkmals gefunden. Wir erlebten eine Versammlung der RUCH auf dem Boulevard, trafen einen alten Mann auf dem jüdischen Friedhof von Lwow, lernten Alexander Lisen kennen, den Vorsitzenden der Jüdischen Gesellschaft dort. In Brody fanden wir die Ruine der Synagoge, den Bahnhof – übrigens, nicht aus k.u.k., sondern stalinistischen Zeiten –, statteten dem Museum einen Besuch ab, sprachen mit einem Polizisten, einer alten Ukrainerin, mit den Leuten von der »Touristen-Kooperative«. Eine Gruppe junger Juden aus Leningrad trafen wir unterwegs, die die Gräber in Galizien pflegen. Josef Burg, der Schriftsteller und Herausgeber der »Czernowitzer Bleter«, empfing uns in Tscher-

nowzy. In der Lukian-Kobelizki-Straße fanden wir eine kleine, frisch gestrichene Synagoge, hörten alte Juden den Wochenabschnitt lesen, beten. Wir überquerten den San, den Pruth, den Dnjestr, den Bug, sahen Menschen, alltägliche Situationen, großstädtisches, kleinstädtisches Leben, ukrainisches Bauernleben, wie es sich abzulösen, zu befreien beginnt vom Gleichtakt des staatssozialistisch verordneten Alltagslebens. Die Vielfalt ehrwürdiger, prächtiger wie ärmlicher alter Häuser sticht ab von der Monotonie der Asphaltstraßen und -plätze, des modernen Plattenwohnbaus in seiner östlichen, kurzlebigen Variante. Kirchen, Synagogen, Bürgerhäuser, bäuerliche Holzhäuser zeigen Traditionen, Eigenheiten, die Wechselfälle der Geschichte. Aus Kirchen wurden Museen, Konzerthallen, wieder Kirchen; griechisch-katholische, katholische von den Orthodoxen übernommen und wieder zurückgegeben. Synagogen, sofern sie den Krieg, den Staatssozialismus überstanden hatten, wurden zu Lagerhallen, Garagen, Bibliotheken, Filmtheatern umfunktioniert; wenige von ihnen werden nun wieder jüdische Kulturzentren, Synagogen. Brody ist weitgehend zerstört, aber die Altstädte von Lwiw und Tschernowzy sind, unter dem Schutz der Randlage, der Okkupation im Krieg, kaum versehrt, so gut erhalten und schön, daß man versucht ist, sie als Freilichtmuseen zu sehen. Wie ein Schmetterling im Bernstein, so schön, nannte ich Lwow nach der zweiten Reise. Überall lauert, lockt der Mythos Galizien in den Bildern der kärglichen Gegenwart. Seine Erzählungen verteilen auf eigene Weise Licht und Schatten, Konturen, Kontraste, Glanz, Tiefe; verleihen den Ansichten, die Guido Baselgia festhält, ausleuchtet, einen doppelten Boden. Revolutionäre Gedanken, literarische Stimmen, die im Berlin, Wien, Warschau, Budapest der revolutionären zehner und zwanziger Jahre, dann wieder an den westeuropäischen, amerikanischen Universitäten der rebellischen Sechziger/Siebziger von sich reden machten, kamen aus der Bukowina, aus Galizien – noch vor dem nationalsozialistischen Massenmorden, vor der Vernichtung der Vielvölkerkultur.
Freuds Vater stammt wie Agnon aus Buczacz. Freuds Mitarbeiterin, die Psychoanalytikerin Helene Deutsch, wuchs in Przemyśl auf, ihre Kollegen Wilhelm Reich, Manès Sperber kommen aus der Bukowina. Rosa Luxemburg, Karl Radek sind in Galizien geboren. Joseph Roth aus Brody schrieb Reportagen, Romane über Galizien in den Cafèhäusern, Hotels der europäischen Metropolen. Die Bukowiner Lyrik, die galizische Prosa von Autoren meist jüdischer Herkunft, die polnisch, deutsch, jiddisch, hebräisch schrieben, liest, erzählt, ist diese Welt. *Fäden ins Nichts gespannt* heißt eine Anthologie der Bukowiner Lyrik.

Galizien einst. Nur die Ähnlichkeit des Namens hat Galizien mit dem spanischen Galicien gemein, das sich von den keltischen Callaici, den Ureinwohnern der nordwestlichen Provinz Spaniens, herschreibt. Halicz, russisch gesprochen »Galitsch«, heißt bis heute ein kleiner Ort am Ostrand der Waldkarpaten. *Háls*, Halit, das griechische Wort für Salz, Steinsalz, ist der Kern seines Namens. Halicz war ein Fürstentum der Kiewer Rus. »Laßt die Leute von Przemyśl durch, Rußland wird sonst kein Salz bekommen«, heißt es bei Nestor, dem Chronisten des Kiewer Reiches. Salzhändler war übrigens Feibusch Winkler gewesen, ehe er, geistig verwirrt, ins Sanatorium des Doktor Langsam nach Lemberg kam. Von einer fantastischen unterirdischen Welt im galizischen Städtchen Wieliczka, vierzehn Kilometer östlich von Krakau, erzählt Samuel Josef Agnons Roman *Eine einfache Geschichte*. Salz wurde dort gefördert, schon seit sechshundert Jahren. Daß es, je mehr man gräbt, desto mehr Steinsalz wird, wußte Feibusch Winkler aus dem Buch *Weltenwege*, dem Band *Europa*. Er verkaufte das Salz den Einwohnern seiner Stadt »und seine Gedanken schweiften in unerforschte Welten ...«. Die Salzstollen von Wieliczka, das hohl klingende Holzwürfelpflaster vor der Lemberger Universität, über das das Kind Stanisław Lem mit seinem Vater spazierte, die Kulisse der Krokodilgasse in Bruno Schulz' Drohobycz – grellbunte Ladenschilder, Aufschriften, die die Welt versprechen, graue Fassaden, halbleere Ladenräume, gelangweilte Verkäufer dahinter und in den Regalen Stoffballen, die sich in Bücherstapel, Folianten, Papierberge verwandeln ... ganz Galizien scheint so eine unwirkliche, unerforschte Welt.

Der Mythos Galizien ist älter als die Zerstörung der Vielvölkerkultur, reicht weit in die Geschichte der Grenzregionen zurück, beginnt damit, daß die einen die Einheimischen, andere die Fremden waren – Fremdsein war alltäglich, fast familiär in dieser Vielvölkerkultur. Die Macht lag in den Händen Dritter. Der jüdische Pächter oder Händler lebte mit dem polnischen Grundherrn, dem ruthenischen, huzulischen, rumänischen, deutschen Bauern in Nachbarschaft und doch blieb jeder von ihnen in seiner eigenen Welt mit verschiedenen Sprachen, Konfessionen, Traditionen. Der Kalender, der Katechismus, das Theaterspiel wurden in Barnow, das eigentlich Czortków heißt, mal christlich, mal jüdisch, mal aufgeklärt oder aber volkstümlich gelesen. Jede Kultur betrachtete die andere nach Maßgabe ihrer eigenen Horizonte, auch dann, wenn sie die überschreiten wollte, überschritt. Karl-Emil Franzos verehrte die deutsche Kultur; in seinem Roman *Der Pojaz* aber spöttelt er mit den Klassikern der jiddischen Literatur Mendele Moicher Sforim und Scholem Alejchem über das galizische *Schtetl*. Leopold von Sacher-Masoch rankt Anmut,

Würde, Ehre wie Wappen, fürstliche Insignien um die jüdischen Protagonisten seiner Erzählungen, adelt sie so im Geiste. Józef Wittlin verleiht dem Huzulen Piotr Niewiadomski die Empfindlichkeit eines Juden auf Wanderschaft; Joseph Roth verkörpert in seinen Habsburger Helden die eigene Sehnsucht nach Zugehörigkeit, Weltkultur. Der ukrainische Aufklärer Iwan Frankó hütet sich vor Verallgemeinerungen, betrachtet die Juden vom Dorf aus bei Drohobycz: die Hausierer, den Schankwirtssohn, die Leinenbedrucker, die Ölmagnaten. Die Rückständigkeit, Verarmung der östlichen Grenzregionen steigerte die Differenzen, schuf, was die Juden betrifft, den Mythos des »Luftmenschen«. Menschen ohne Eigentum, Broterwerb, Schnorrer, waren so frei, sich sterben zu legen, die Brosamen von den Tischen der Reichen aufzuklauben oder sich eine Welt zu erfinden. Nicht mehr und nicht weniger als Galizien, das Schtetl Barnow, die Lotterie verbinden den Grundherrn Wolczynski, den Dorfrichter, einen stattlichen Bauern, und den jüdischen Winkelschreiber in der Lotterieannahme. Der Bauer versteht das Prinzip nicht, der Pan erwartet Privilegien, sie drohen dem Schreiber; dem hilft nur *chuzpe*, das hebräisch-jiddische Idiom der Frechheit, sich aus dem Dilemma zu befreien. Aus solchen Verbindungen erwachsen Mißverständnisse. »Im Jahre 1866 wurde in Wien eine anonyme Majestätseingabe aus Czortków eingereicht, in der für die Ausschließung der Juden in Galizien und Bukowina von der weiteren Verleihung dieser Konzessionen [Lotto-Kollekturen, Tabaktrafiken, Salzmonopol] plädiert wurde, da ›die Juden betrügen, Beamte bestechen und die Lotteriekollekturen und Tabaktrafiken ein Unglück für den Bauern dieser Provinzen sind‹«, berichtet Dr. N. M. Gelber am Rande seiner *Geschichte der Juden in der Bukowina (1774–1914)*. Bestenfalls entstehen Humor, Witz und Literatur aus der Kollision so unterschiedlicher Kulturen, denn Literatur braucht die Mehrdeutigkeit, kann Antagonismen erzählend heilen, kann sie ausspielen, ohne zu töten. Im Grenzland ist die Erzählung in ihrem Element. Die Händel, der Schmuggel sind Spieleinsatz, gehören zum Handwerk. Als die k.u.k. Armee die verschiedenen Völker zusammentrieb, traten ihre Eigenheiten offen zu Tage. Józef Wittlin, jüdischer Pächterssohn, schildert eine Musterung aus der Perspektive des huzulischen Bahnwärters Piotr Niewiadomski: »Jeder Körper brachte die Düfte seines Hauses mit sich, das Aroma seiner alltäglichen Mühe wie auch die Ausdünstungen der Tiere, die mit ihm diese Mühe teilten. Huzulen brachten die stickige Luft ihrer elenden, nie gelüfteten Lehmhütten mit, die Ackerleute rochen nach Erde und Getreide, die Hirten – nach Dünger, die Juden – nach Schenke, Mühle und Schabbes.« Manche der Huzulen hätten noch lange, mit glänzendem Fett bestrichene

Haare getragen und Juden Schläfenlocken, lange Bärte, ehe das Militär sie gleichförmig schor. »Allmählich verschwand unter der Schere das düstere, geheimnisvolle Asien, es ging das pathetische Altertum unter, und auf den bleichen Gesichtern, zum erstenmal seit vielen Jahren nackt, tauchten – wie aus dem Boden trockengelegter Meere – die ersten Umrisse Europas auf. Aber nicht nur den Juden wurde das Haar geschnitten. Den Christen auch. Und es fiel von den Köpfen, den Bärten, den Gesichtern auf die Schultern, die Rücken, auf den Fußboden, in den Staub, es vermischte sich das dunkle Haar und das helle, das glatte und krause, das katholische und jüdische Haar, obwohl es geschrieben, deutlich geschrieben ward, daß ohne den Willen Gottes niemandem ein Haar vom Haupt fallen werde.« Blaß, unheimlich weiß seien die Körper der Juden gewesen, stellt Piotr Niewiadomski fest; die Juden hätten, obgleich Nachkommen eines Hirtenvolks, Angst gehabt, in der Nacht im Freien zu schlafen. In Galizien war Vielvölkerkultur Realität, nicht Utopie. An ihren Häusern, ihren Gewohnheiten, ihrer Kleidung, ihrer Körpersprache, ihren Gerüchen haben sich die Polen, Juden, Ruthenen, Rumänen, Huzulen, Deutschen erkannt, bis die Stadt, Weltkultur, die Armee, der Krieg sie auseinanderriß, einander anglich. »Galizien«, »Königreich Galizien und Lodomerien« – diese Mythos gewordenen, märchenhaft klingenden Namen haben einen ätzenden Nachgeschmack. Nicht wegen der Armut, dunkler Grenzhändel, der Salz-Etymologie, der grotesk-obsessiven Bilder von Bruno Schulz. Was vor den Weltkriegen, den Totalitarismen dieses Jahrhunderts im Westen »Armenhaus Europas« – »Heimat des Ostjudentums« – »Bunter Fleck im Osten Europas« – »Flüchtlingselend« hieß, heißt heute »Versunkene Welt« – »Die untergegangene Welt des Schtetl«. Traumatische Erinnerung auf der einen, und schöne, mitunter allzu schöne Literatur auf der anderen Seite blieben von der verbrannten Erde, von den Luftgräbern der Ermordeten. Bilder des gegenwärtigen Galizien sieht man kaum.

Galizien führte schon früh, nach dem Zerfall der Kiewer Rus, unter magyarischer Herrschaft den großen Namen: »Königreich Halicz«. Mitte des 13. Jahrhunderts machten die Mongolen dieser Selbstherrlichkeit vorläufig ein Ende. Ungefähr ein Jahrhundert war Galizien, den östlichen Nachbarn Wolhynien (Lodomerien) und Podolien gleich, unter mongolischer Herrschaft, dann vierhundert Jahre lang Teil erst des polnischen, dann des polnisch-litauischen Reiches. Nach den Teilungen Polens wurde es Provinz der Habsburger Monarchie und das ostgalizische Lemberg Hauptstadt. Ostgalizien, Rotrußland, wurde das Zentrum der k.u.k. Provinz, der Vielvölkerkultur, des jüdischen Galizien. Österreichische Verwaltungsbeamte und polnische Adlige waren die Herren im Staate, an Grund und Boden; die einheimischen Ruthenen, die Westukrainer, waren rechtlose Bauern, die deutschen Siedler, die im Gefolge des polnischen Eroberers König Kasimir III., dann mit den Habsburgern ins östliche Grenzland kamen, waren Handwerker, auch Bauern; zwischen Adel und Bauern standen die Juden, arme und reiche Händler, Pächter von Kneipen, Mühlen, auch von Land, Handwerker, Rabbiner. Katholische, griechisch-katholische, protestantische Christen und Juden lebten zusammen jenseits von Przemyśl am San, in jener Provinz am Rande der österreichisch-ungarischen Monarchie, die an das Russische Reich grenzte. Sie alle waren Galizier, doch lebte jede Sprachfamilie ihre eigene Kultur, orientierte sich jeweils an einem anderen Zentrum. Die Ruthenen waren in niedrigen, mit Schindeln oder Stroh gedeckten Holzhäusern, Gärten darum herum, Zäunen, an breiten, langen, staubigen oder matschigen Wegen in den Dörfern der galizischen Ebene zu Hause. Lwiw, Tarnopol, Brody, Jaroslaw, Drohobycz hießen ihre Zentren. Die huzulischen Bauern lebten auf engem Raum mit ihrem Vieh in den ärmlichen Lehmhütten der Karpaten-Dörfer. Ihr Horizont waren die Gipfel der Berge ringsum. In den steinernen Adelspalästen der Landgüter, in den Bürgerhäusern der Städte lebten die Polen in Galizien, maßen Lwów an Krakau und Warschau. Die k.u.k. Untertanen richteten sich in Lemberg, Przemyśl, Tarnopol, Drohobycz häuslich ein, bauten die Festungsanlagen aus, legten Neustädte an, verwandelten die alten Märkte nach Wiener Muster in Ringplätze. Die Juden Galiziens lebten im *Schtetl*, in der jüdischen Kleinstadt, die, frei nach Manès Sperber, der »Alptraum eines Urbanisten« war, in engen Gassen, kleinen, einander bedrängenden Holzhäusern, aber auch in Lemberg – Lwów – Lwiw und anderen galizischen Städten. Sie lebten wie auf Wanderschaft, nicht wirklich niedergelassen, sondern vorübergehend. Nur die Orthodoxen, die Chassidim, blieben, solange es ging, im *Schtetl*. Jene, die sich polnisch assimilierten, orientierten sich an Warschau, die deutsch Akkulturierten dagegen zog es in die Metropolen Wien und Berlin. Manche gingen auch nach Prag, nach Budapest. Zionisten blickten nach Palästina, wanderten dorthin aus. Die Sozialisten unter den galizischen Juden trafen sich in allen Metropolen Europas.

Seit dem Mittelalter siedelten Juden in Polen, im polnisch-litauischen Reich. Pogrome zur Zeit der Kreuzzüge, der Pest hatten sie aus dem Westen des christlichen Abendlandes nach Osten getrieben: aschkenasische Juden aus deutschen Landen, aus Frankreich; sephardische aus dem Spanien der Inquisition. Sie mischten sich mit denen, die vor ihnen aus dem untergehenden Chasarien nach Westen gekommen waren. Nach den Ruthenen und den Polen waren die Juden die drittgrößte Gruppe, die größte Minderheit in Galizien, stellten zehn bis zwölf Prozent der Gesamtbevölkerung, in den Städten und Städtchen oft mehr als die Hälfte der Einwohnerschaft. Schutzjuden des Königs, des polnischen Adels waren sie in Polen, im polnisch-litauischen Reich gewesen, abhängig von der hochherrschaftlichen Willkür, zu Abgaben verpflichtet, durch diverse, von Ort zu Ort, Zeit zu Zeit variierende Reglements begrenzt, doch in diesem Rahmen privilegiert, mit Rechten, Pachtverträgen (Mühlen, Schänken, Land) beliehen, von lokalen Abgaben und Abhängigkeiten befreit. Sie lebten nach dem jüdischen Gesetz, das nicht Feiertagsgottesdienst war, sondern Alltag, Rechtsordnung, Religion, Kultur, kurz, das ganze Leben umfaßte und ihnen, wie anderen Völkern Land, den Zusammenhalt, eine Heimat gab. Sie sprachen ihre eigenen Sprachen, Hebräisch am Sabbat, im Streitgespräch der Talmud-Auslegungen, und Jiddisch, das *mame-loschn*, alle Tage. Gemeinde-, das heißt, Kahal-Versammlungen, an deren Spitze, der Vierländer-WA'AD, der jüdische Landtag Groß-, Kleinpolens, Rotrußlands und Wolhyniens, der zu den Jahrmärkten zusammentrat – ein verzweigtes Selbstverwaltungssystem garantierte ihnen weitgehende Autonomie. Ein ganz eigenes Milieu, einen eigentümlichen Staat im Staate bildete das polnisch-litauische Judentum, die größte jüdische Diasporagemeinde der damaligen Zeit; ein Gastvolk, zum Teil städtisch, welterfahren im Handel, in ihrer Mehrheit aber arm, abgeschieden, abgeschnitten von der Welt, weltlicher Bildung; bewandert in den heiligen Büchern der Thora, des Talmud, vertraut mit dem *pilpul* (*pilpel*-Pfeffer), der scharfsinnig scholastisch-dialogischen Methode der Talmudauslegung, gebunden durch das Gesetz, zusammengehalten von den »Mauern des Rabbinismus«; inmitten der einheimischen christlichen, zum Teil analphabetischen Landbevölkerung und doch von ihr getrennt. Dazu kam, daß sie als Pächter, Verwalter häufig die Autorität des Adels gegenüber den Bauern vertraten.

Im Krieg der Kosaken, angeführt von Bogdan Chmelnitzki Mitte des 17. Jahrhunderts, entluden sich zum ersten Mal in der Geschichte Ostmitteleuropas auf grausamste Weise die Aggressionen gegen diese Fremden, die Juden, die, so hieß es, der verhaßten Schlachta, dem polnischen Adel, dienstbar waren. Der Niedergang der Adelsrepublik betraf auch das polnisch-litauische Judentum. Keine erneute Verfolgung, aber Bedrängnis brachte ihm die Teilung Polens, die Machtübernahme der Habsburger in Galizien, das hieß: Beschränkung der Selbstverwaltung, Sondersteuern, Zuzugs-, Arbeits-, Heirats- und Siedlungsbeschränkungen. Ein Drittel der Judenheit Galiziens kam durch diese Gesetze an den Bettelstab. Solche Restriktionen und Belastungen hob – dem Namen zum Hohn – auch das »Toleranzpatent« Josefs II., das seit 1789 auch für Galizien galt, nicht auf, sondern verordnete dazu Militärpflicht – sieben Jahre hätte der Pojaz dienen müssen, hätte ihn nicht der Blutsturz ereilt – und den Gebrauch der deutschen Sprache. Eine Namenskommission zog herum. Karl Emil Franzos hat ihre Arbeit durch Übertreibung konterkariert, den Protagonisten seiner Erzählungen, seines Romans *Der Pojaz* nur die blumigsten Namen gegeben: Moses Erdkugel, Leib Weihnachtskuchen, Jossele Alpenroth, Marschallik Türkischgelb ... Emanzipation erlaubten die Habsburger Herrscher, die darin freiheitlicher als im nachbarlichen Rußland die Zaren waren, nur den deutsch-assimilierten jüdischen Untertanen, denen, die deutsche Familiennamen annahmen, die ihre Herkunft verleugneten, als Religion allenfalls einen »mosaischen Glauben« angaben. Von da nahm die Armut des Schtetl, das »Luftmenschendasein« seinen Ausgang und die Zersetzung des traditionellen jüdischen Lebenszusammenhangs. Als die Wiener Revolution von 1848 Galizien weitgehende Autonomie verschaffte, die Provinz (1867) einen eigenen Landtag erhielt, gewährte Wien auch den Juden volle Staatsbürgerrechte, mehr Autonomie, Bildung, politische Interessenvertretung – die Chance zur Emanzipation. Doch half das nicht viel. Die industrielle Revolution, die Westeuropa erfaßt hatte, ließ Galizien weitgehend unberührt, verschärfte die wirtschaftliche Not, brachte Arbeitslosigkeit und große Armut. Nationale Befreiungskämpfe zerrissen das Habsburger Reich. Die galizischen Juden mußten neue, eigene Wege suchen. Viele entschieden sich für die Assimilation an eine der Hegemonialkulturen, die deutsche, die russische; die Mehrheit entschied sich für die aufständische polnische Kultur. Arme Juden, Flickhandwerker, Krämer, Hausierer, Jeschiwa-*bocher* (Studenten) fanden im Chassidismus eine Zuflucht. Wer teilhaben wollte am nationalen Erwachen der Völker Europas, wandte sich den Zionisten zu. Großen Zulauf aus jüdischen Intellektuellen- und Proletarierkreisen hatten die klassenkämpferischen Zirkel der marxistischen Arbeiterparteien. Viele Juden verließen das arme Grenzland Richtung Amerika, Palästina. Doch waren Armut, Zerfall des traditionellen Lebenszusammenhangs, Haß auf Juden, Anpassungsdruck nichts gegen die Macht der Zerstörungswellen der Kriege für das galizische Judentum.

Im einstigen Galizien gebührt der Bukowina, Teil der k.u.k. Provinz seit 1787, unabhängiges Kronland seit 1849, besondere Aufmerksamkeit. Gegen Galizien, das, doppelt so groß wie die Niederlande, die größte Provinz der Monarchie war und – nach einer Volkszählung von 1910 – mit mehr als 8 Millionen Einwohnern, einhundert Menschen pro Quadratkilometer, ein für jene Zeit sehr dicht besiedeltes Land, war die Bukowina klein, überschaubar mit nicht mehr als einem Achtel der Fläche, achthunderttausend Einwohnern, einem Zehntel der galizischen Bevölkerung. Die Bukowina, das Buchenland, im Süden Galiziens, am Ostrand der Waldkarpaten gelegen, bot eine noch größere Völkervielfalt als Galizien: außer Ruthenen, Juden, Deutschen, Polen lebten Rumänen, Ungarn, Lippowaner, Böhmen, Slowaken, Armenier, Zigeuner dort. Außer den Synagogen, den katholischen, griechisch-katholischen, protestantischen gab es auch griechisch-orthodoxe Kirchen, ja, in Czernowitz sogar ein griechisch-orthodoxes Erzbistum. Józef Wittlins geduldiger Infanterist, Piotr Niewiadomski aus dem Huzulendorf Topory-Czernielitza an der Bahnlinie Lemberg-Czernowitz, ein Griechisch-Katholischer, kannte die Griechisch-Orthodoxen. »Sie wohnten nicht weit, in der Bukowina. Es stimmte schon, daß sie Rumänen waren, aber sie waren Kaiser Franz Josephs Untertanen, genauso wie die Huzulen. Sie trugen sogar die gleiche Kleidung. Auf der Bahn erzählte man Wunder von der Residenz des orthodoxen Erzbischofs Repta in Czernowitz.« Seit dem letzten Krieg beherbergt die Residenz des Erzbischofs Repta die Universität von Tschernowzy.

Die Bukowina, seit dem Habsburger Reich im Einflußbereich Galiziens gelegen, hat eine eigene Geschichte. Weder rumänische noch ukrainische Einflüsse und Einflußnahmen vermochten die Bukowina in ein nationales Zentrum zu verwandeln; wie Galizien ist das Buchenland eine Grenzregion, die bei der Neuordnung Mittelosteuropas wieder Verhandlungsgegenstand zwischen den Nationalstaaten werden könnte. Um die Moldau zu gewinnen, sei Rumänien bereit, so heißt es, die Bukowina der Ukraine zu überlassen. Lag Galizien schon zu polnisch-litauischen Zeiten im west-östlichen Spannungsfeld, so erstreckte sich die vorkakanische Bukowina zwischen dem orientalischen Süden und dem slawischen Norden. Die Karawanenstraße, der Levantehandel von Konstantinopel nach Lemberg, Krakau, Breslau, Leipzig führte an den Karpaten, das Pruth-Tal entlang durch die Bukowina. Die Fernhandelsstraße hatte sich nach Westen verschoben, weil die Türken in den Schwarzmeerhäfen die alten Tatarenwege am Dnjestr, Dnjepr entlang unsicher machten. Zu jener Zeit regierten moldauische Fürsten in der Bukowina. Einige von ihnen waren Vasallen der polnisch-litauischen Könige, dann, nach der Eroberung Konstantinopels (1453) durch die Türken, deren Statthalter. Nach dem russisch-türkischen Krieg von 1774 handelten die Habsburger den Osmanen die Bukowina ab, vergrößerten so ihr Reich, schlossen die Lücke zwischen Siebenbürgen und Galizien. Juden, so heißt es, hätten bereits seit der Antike an den Donau-Nebenflüssen Sereth und Pruth gesiedelt. Schon vor der Zerstörung des zweiten Tempels sollen die ersten aus Palästina, die nächsten mit den römischen Eroberern von Dakien (Siebenbürgen) her gekommen sein. Chasarische Juden kamen noch vor der Jahrtausendwende von Osten dazu, dann Flüchtlinge aus dem byzantinischen Reich, ehe es Aschkenasim, Sephardim auf der Flucht in das fruchtbare Buchenland am Ostrand der Karpaten verschlug. Viele Juden in der Bukowina waren Kaufleute, die am Levantehandel teilnahmen. Siedlungen entstanden um die Herbergen an der Handelsstraße, in denen sie den Sabbat hielten, so in Cecina, dem späteren Černăuți – Cernowitz – Tschernowzy. Von den Herbergen aus entwickelte sich Handel im Land, so daß die moldauischen Fürsten, um sich einen fiskalischen Anteil zu sichern, sie zu Zollstationen erklärten. Die Zollstation Czernowitz wurde 1408 zum ersten Mal urkundlich erwähnt. Orientalisch-byzantinische Einflüsse waren stark in der Bukowina. In ihren jüdischen Gemeinden galt türkisches Recht, das den Juden mehr Freiheit, Autonomie nach außen garantierte als die dem deutschen Stadtrecht nachgebildete galizische Kahalordnung, die den polnischen Königen in erster Linie zur Besteuerung der Juden diente. Wohl gab es Willkür, Vertreibungen, aber die moldauischen Fürsten brachten den Juden mehr Toleranz entgegen als die spanischen Inquisitoren oder die Kosaken im Kampf gegen die polnischen Grundherrn. Die Truppen des Kosakenhetmans Bogdan Chmelnitzki, die Mitte des 17. Jahrhunderts Galizien verwüsteten, mordeten und brannten auch in der Bukowina.

Unter den Habsburgern wurde die Bukowina ein Anziehungspunkt für galizische und russische Juden. Dort waren sie vorerst von Sondersteuern (für koscheres Fleisch, Lichteranzünden bis 1824), vom Militärdienst (bis 1830) verschont, der in Rußland bis zu fünfundzwanzig, in Galizien sieben Jahre zu leisten war. Denn in der Bukowina galt noch das alte Recht aus der Türkenzeit. Dazu kam, daß sie Agrarland wie Galizien, aber fruchtbarer, reicher war. Mit aller Macht kämpften die k.u.k. Beamten um Begrenzung der Judenheit, die »Abschaffung« der Einwanderungsströme – ohne Erfolg, denn die Bukowina war ja seit 1787 Teil der Provinz. Aus Podolien im Russischen Reich gelangte der Chassidismus in die Bukowina, aus Ostgalizien spät, erst Mitte des 19. Jahrhunderts die Haskala. Die Maskilim, die Aufklärer, standen gegen die Chassidim, die in der ersten Hälfte des 19. Jahrhundert in der wohlhabenden, aber von jüdischer Bildung weitgehend unberührten Handelsstadt noch den Ton angaben. Die Blütezeit der Bukowina unter den Habsburgern, insbesondere für die Juden dort, begann mit der Unabhängigkeit, als die Bukowina Kronland wurde, 1861 einen eigenen Landtag, sechs Jahre später eine eigene Verfassung bekam, als Sondersteuern, Siedlungsbeschränkungen abgeschafft wurden und die Juden Staatsbürgerrechte erhielten. Czernowitz – im Gegensatz zur verarmten, aber zwanzigtausend Einwohner starken, traditionsreichen Vielvölkerstadt Lwów ein Lehmhütten-Dorf mit kaum eintausendsechshundert Einwohnern, als die Österreicher kamen – entwickelte sich zu einem »Klein-Wien« des Ostens. Seit den 1860er Jahren verband die Lemberg-Czernowitz-Jassy-Bahn die Bukowina mit Ostgalizien, dem Königreich Rumänien, belebte den Fernhandel, brachte Industrie ins Land. 1910 zählte Czernowitz fünfundachtzigtausend Einwohner (Lemberg zur gleichen Zeit gut zweihunderttausend), davon ein Drittel Juden, die seit der Unabhängigkeit als die treuesten Staatsbürger des Habsburger Reiches galten. Die Juden von Czernowitz sprachen deutsch, hochdeutsch, während die Deutschen in der Vorstadt Rosch schwäbelten. Die Schtetl-Juden des Umlands, erzählt Karl Emil Franzos, hätten sich über Czernowitz mokiert, den verflucht, der ein »Deutsch« wurde, nach Czernowitz ging. Der ganze Stolz des Czernowitzers aber war es, wenn schon kein Wiener, so doch ein Buko-Winer zu sein. In der Lemberger Universität war die deutsche Unterrichtssprache 1871 gerade abgeschafft, als in Czernowitz vier Jahre später eine deutschsprachige Universität gegründet wurde. Das war der Anfang der deutsch-jüdischen Bukowina-Literatur, in der sich Naturlyrik mit chassidischer Frömmigkeit, Aufklärung und abgründiger Prophetie verbindet. Ein Schauspieler wollte Sender Glatteis aus Barnow werden, ein »Deutsch« in Czernowitz, dem »Vorhof zum Paradies der deutschen Kultur«. Endlich sieht er den berühmten Dawison in der Rolle des Shylock im Lemberger Theater, doch der Weg dorthin hat ihn zu Tode erschöpft. Er kostet ihm das Leben.

Das jüdische Czernowitz pflegte deutsche Kultur, war anders als die galizischen Städte und Schtetl; darin vielleicht Prag ähnlich, ohne dessen Größe zu erreichen. Czernowitz war abgelegener, provinzieller – man kannte sich in Czernowitz. Czernowitz war Wiens östlichster Vorposten, ihm willfähriger als Lemberg und doch »eine Welt für sich«, eine Insel im chassidischen, jiddischsprechenden Umland. Als nach der gescheiterten Revolution 1905 Bundisten auf der Flucht aus Rußland nach Czernowitz kamen, aus Wien der eigenwillige Zionist, Streiter fürs Jiddische, für nationale Autonomie in der Diaspora Dr. Nathan Birnbaum nach Czernowitz übersiedelte, gewannen die Jiddischisten Einfluß in Czernowitz. Die jüdische Sprachkonferenz, zu der Birnbaum 1908 nach Czernowitz einlud, erklärte das *mame-loschn* zur zweiten Nationalsprache der Juden. Als die Bukowina rumänisch wurde, strömten jiddischsprechende Moldauer in die Stadt.

Wenigstens dreisprachig – hebräisch, jiddisch, deutsch – wuchsen die Czernowitzer Juden auf im Viersprachenland. Wo das Klein-Wien des Ostens sich einen Spritzer »Kotstädtchen« erlaubte (Franzos über das Schtetl), einen Hauch byzantinisch-orientalischer Tradition bewahrte, da war das jüdische Czernowitz: in den Gedichten Paul Celans, Rose Ausländers, von Itzig Mangers Balladen, von Elieser Steinbargs Fabeln her gelesen.

*Verena Dohrn*

# FOTOGRAFIEN

Universität, früher galizischer Landtag, Lemberg

Hauptbahnhof von Lemberg

Hotel Intourist, ehemaliges Luxushotel Georges, Lemberg

32  Innenstadt mit Rathaus und Domkirche, Lemberg

Mickiewicz-Denkmal in Lemberg

Portier, Hotel Intourist Lemberg

Im Hotel Intourist Lemberg

Frisiersalon im Hauptbahnhof Lemberg

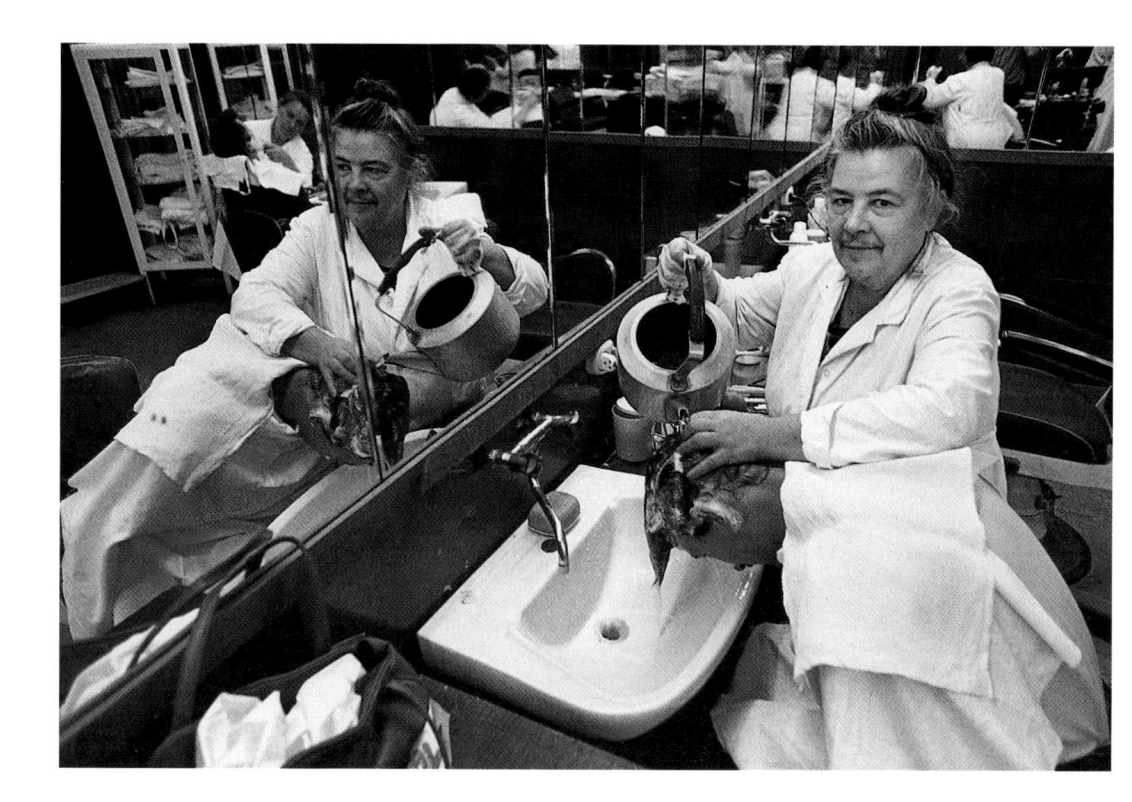

Perückenmanufaktur, Lemberg

Markt in Lemberg

Demonstration für eine unabhängige Ukraine, Lemberg, 1990

Versammlung von Nationalisten in Lemberg

Ukrainische Hochzeit im Potocky-Palast, Lemberg

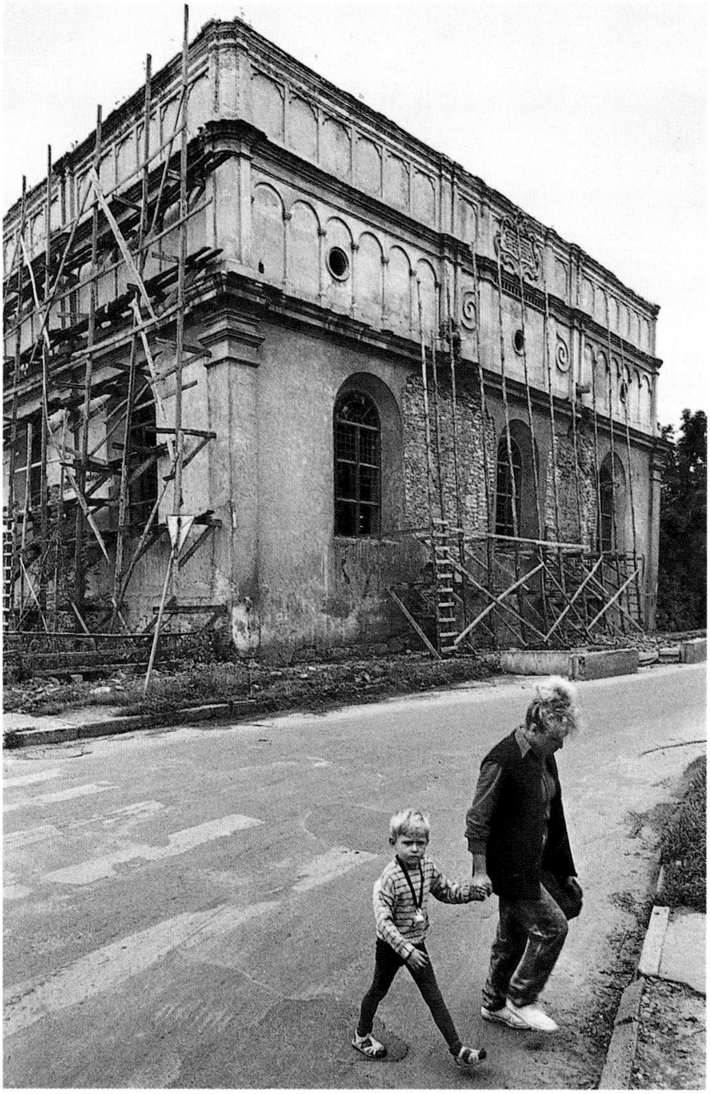

Teil der Synagoge von Brody

Fassade der Synagoge von Brody

Feldarbeit am Rande des jüdischen Friedhofs in Brody

Alter jüdischer Friedhof am Stadtrand von Brody

47

Blumenfrau auf dem Markt von Brody

Marktplatz in Brody

Hauptstraße von Brody

In einer Seitengasse von Brody

Junge im Sonntagsgewand, Brody

Mädchen in einem Hinterhof, Brody

Bäuerin bei Tarnopol

Lehrer in Tarnopol

Podvoločisk, damalige Endstation der Karl-Ludwig-Bahn

57

In einem Schneideratelier, Tarnopol

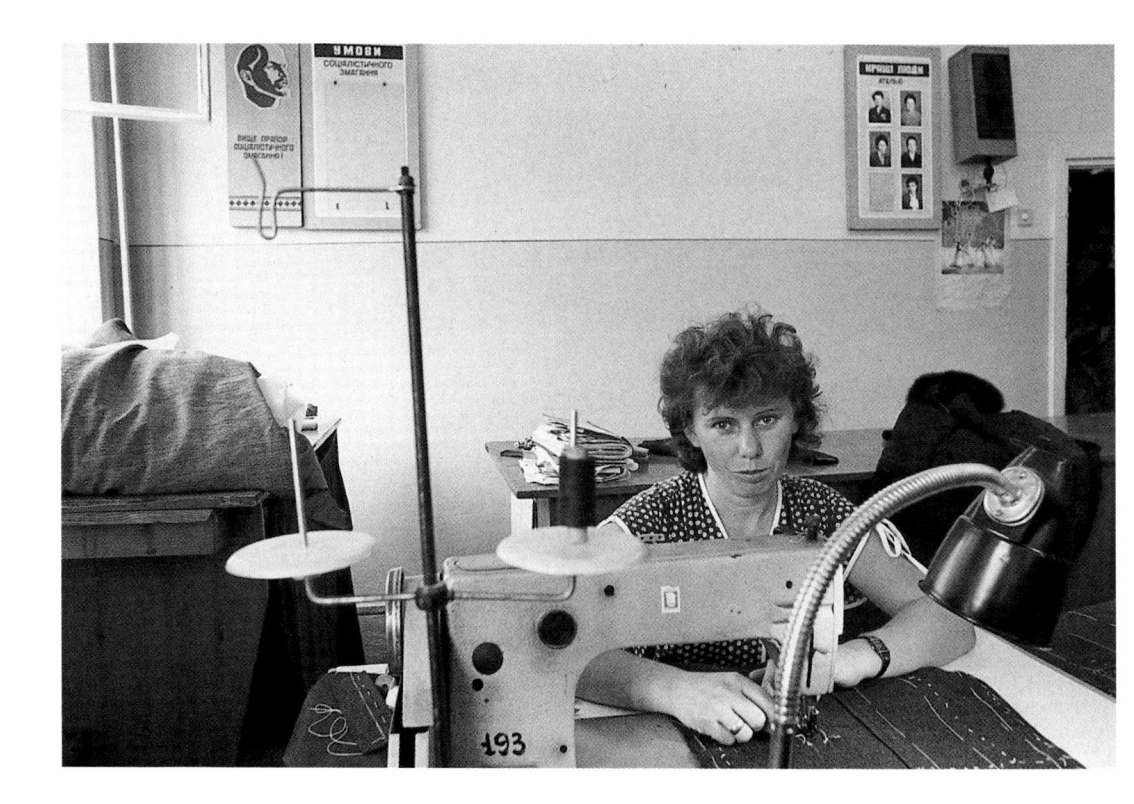

An der Transitstraße Lemberg–Brody

Podolische Hochebene

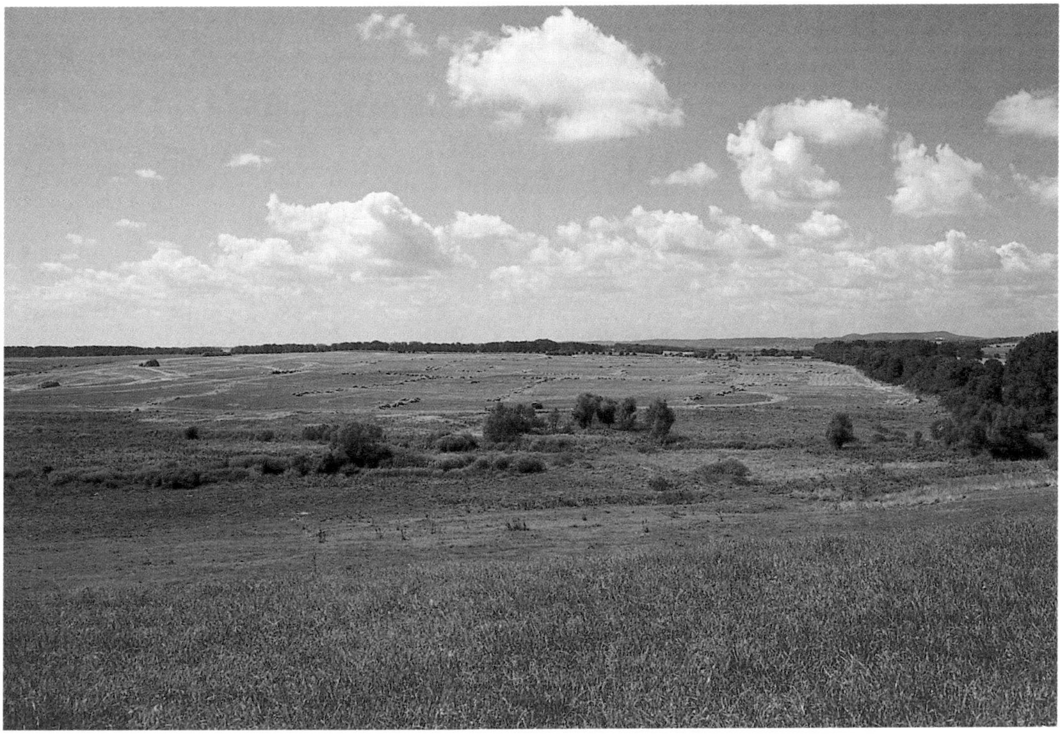

Am Rathausplatz von Bučzačz

Marktfrau mit »Kukuruz«, Bučzačz

In der Dominikanerkirche von Czortkow

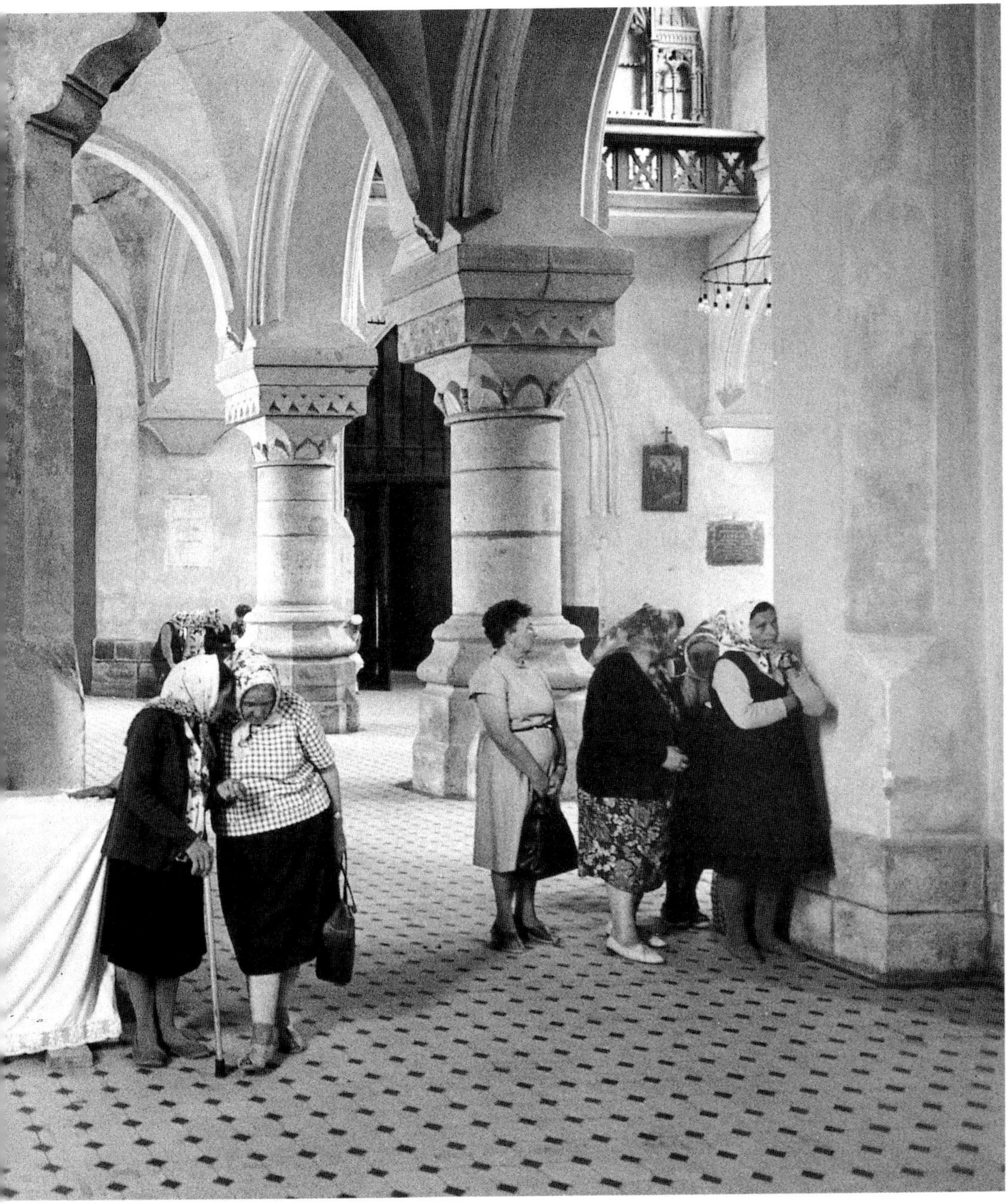

Hauseingang in Drohobycz

Hauseingang in Czernowitz

Straßenansicht von Czernowitz

Ehemaliger Tempel, Czernowitz, heute ein Kino

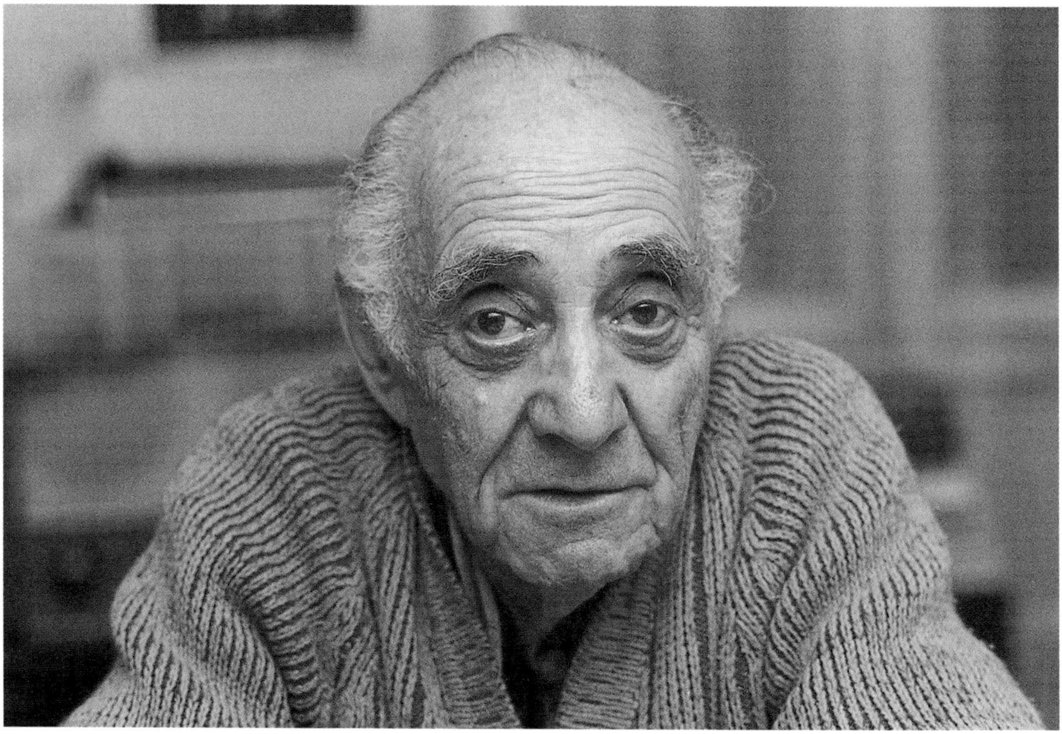

Rosa Roth-Zuckermann, Czernowitz

Synagoge, Czernowitz

Vor dem Gebet in der Synagoge von Czernowitz

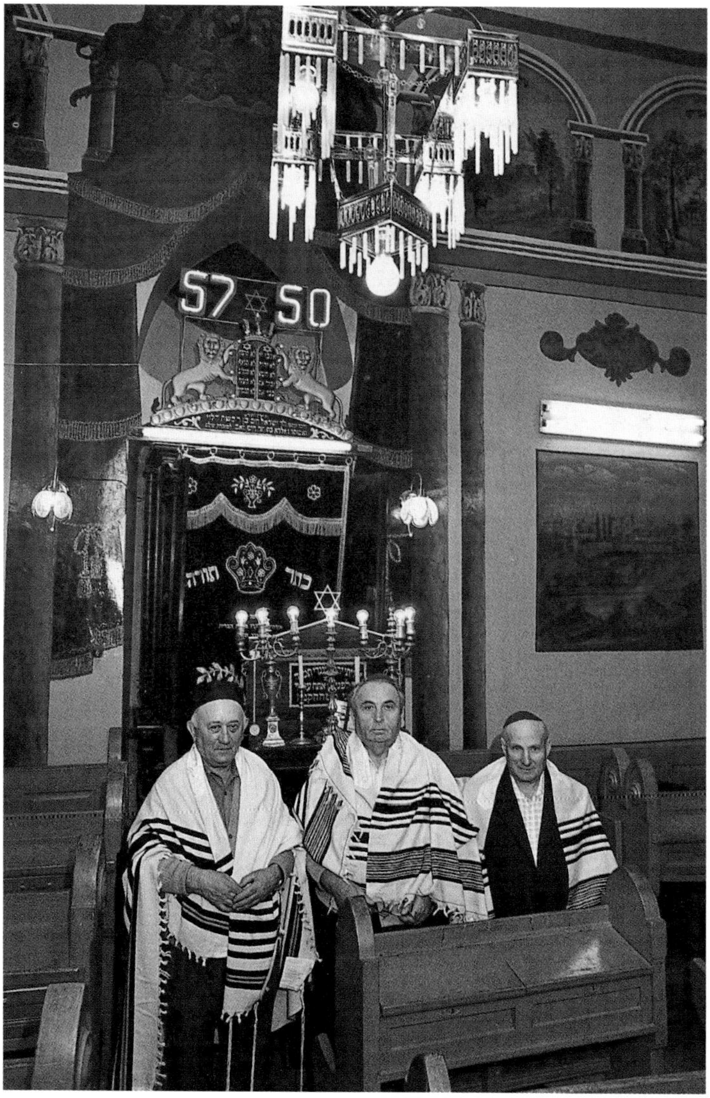
57 50

Moses Kamill, Czernowitz, kurz vor seiner Ausreise nach Israel

In der Synagoge von Czernowitz

An einem Werktag in der Synagoge von Czernowitz

Innenansicht der Synagoge von Czernowitz

Innenansicht der Synagoge von Czernowitz

Der Prut bei Czernowitz

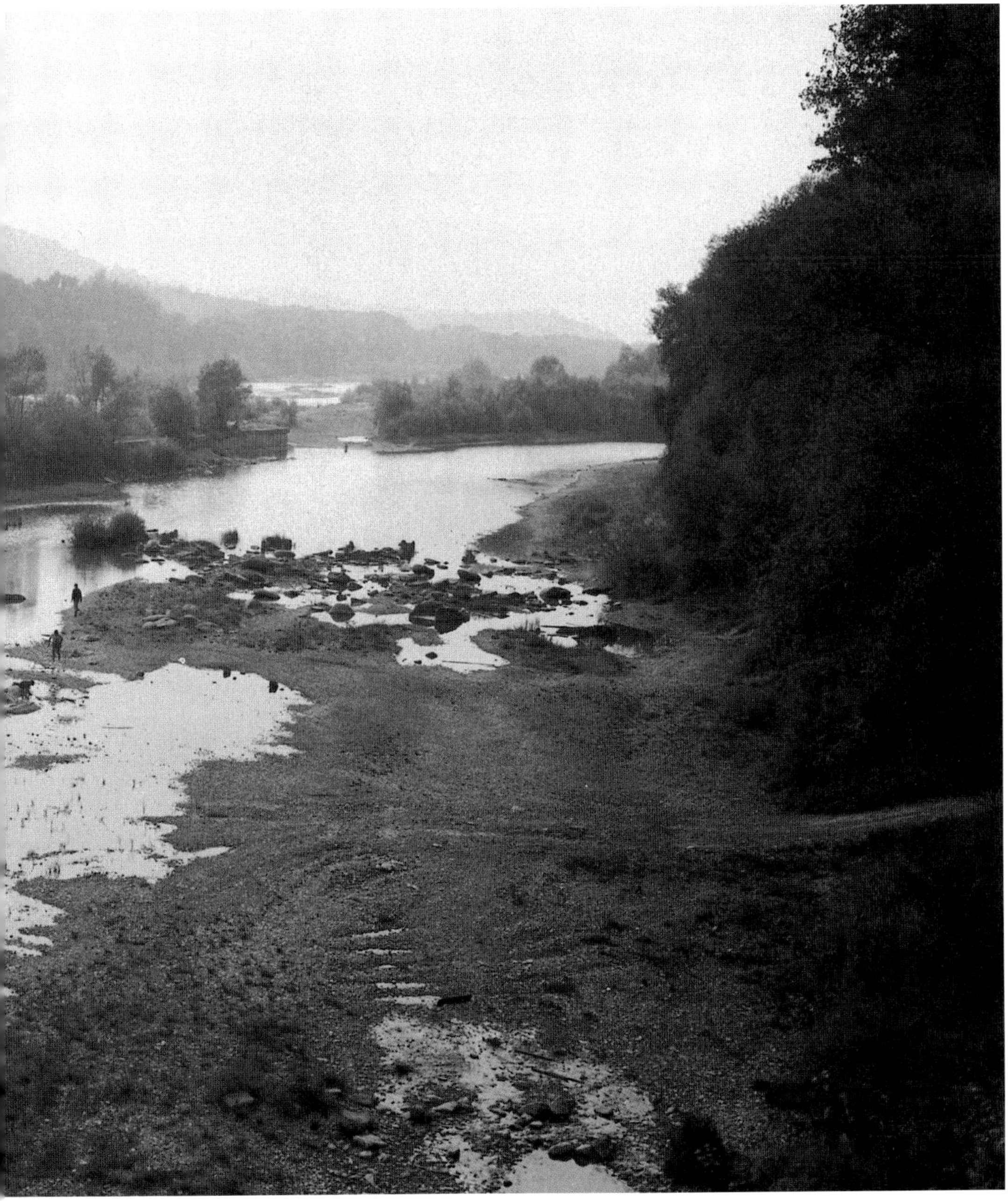

Männer, die die Kirche wieder instandgesetzt haben, Sniatyn

Erntedankfest im karpatischen Waldgebirge

Moleben, ein russisch-orthodoxes Weihfest

Chorgesang der Huzulen, eines karpatischen Bergvolkes

Heimkehr von Moleben

Huzule mit seinem Erinnerungsbild als Soldat bei der Roten Armee

Schlafzimmer in einem Huzulenhaus

Huzulenküche

Zalesčiki am Dnjester

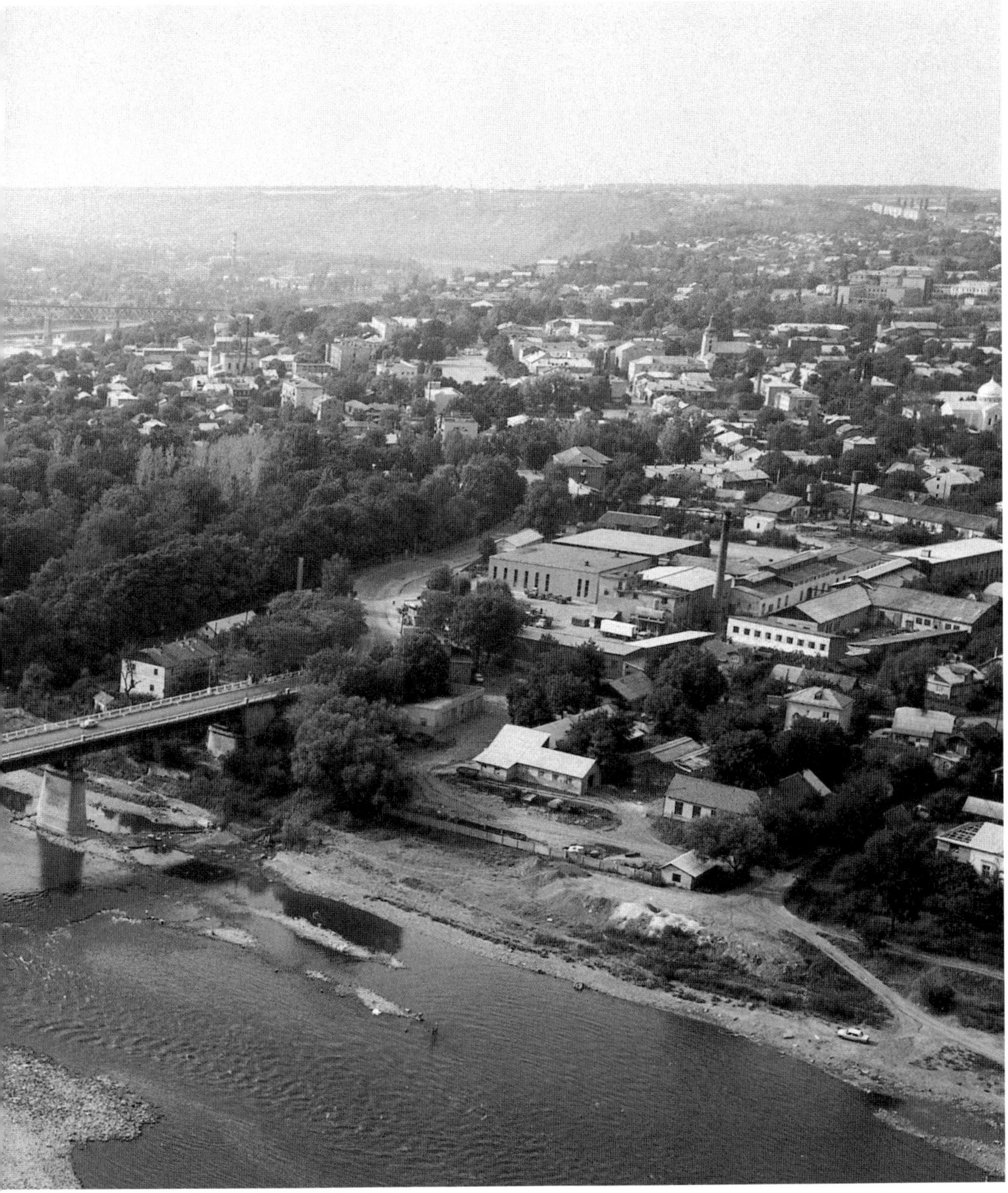

Der Czeremosz bei Kuty im karpatischen Waldgebirge

DER OESTERREICHISCHE
KAISERSTAAT

entw. u. gez. von
F. v. Stülpnagel
1844

Landkarte von Galizien (Ausschnitt)

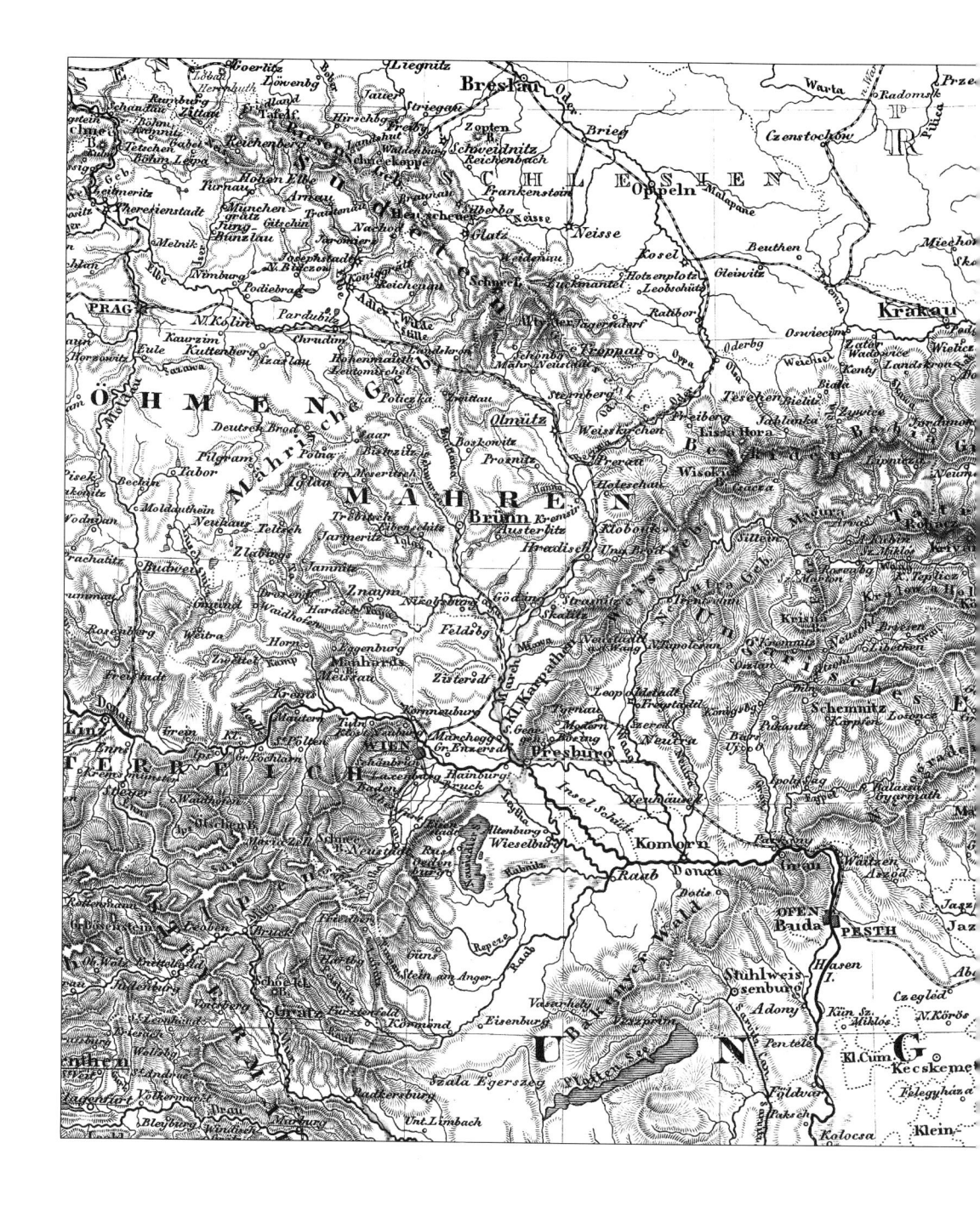

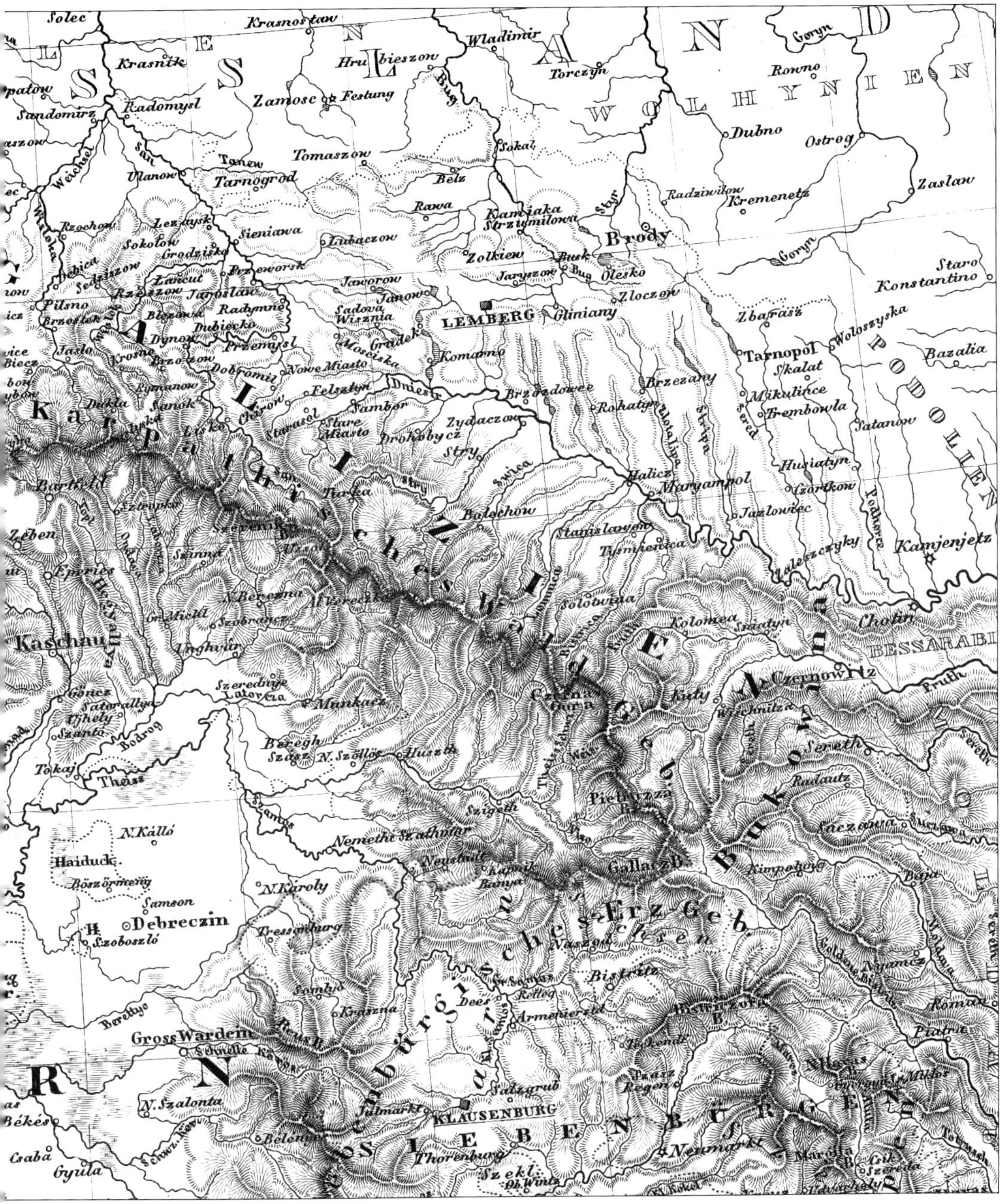
Solec
Krasnostaw
Wladimir
Goryn
Krasnik
Hrubieszow
Torczyn
Rowno
Zamosc
Festung
W O L H Y N I E N
Sandomirz
Radomysl
Dubno
Ostrog
Weichsel
San
Tanew
Tomaszow
Sokal
Ulanow
Tarnogrod
Belz
Zaslaw
Radziwilow
Kremenetz
Rawa
Kamionka
Strzumilowa
Styr
Rzochow
Lezaysk
Sieniawa
Brody
Sokolow
Grodzisko
Lubaczow
Zolkiew
Busk
Goryn
Sedziszow
Lancut
Przeworsk
Jaryczow
Bug
Olesko
Staro
Konstantino
Jaroslaw
Jaworow
Zloczow
Pilsno
Radymno
Janow
Sadova
Wisznia
LEMBERG
Gliniany
Zbarasz
Brzostek
Dubiecko
Grodek
Dynow
Przemysl
Mosciska
Komarno
Tarnopol
Woloszyska
Jaslo
Bazalia
Dobromil
Nowe Miasto
Skalat
Felsztyn
Dniester
Brzezany
Mikulince
Dukla
Sanok
Sambor
Brzozdowce
Rohatyn
Trembowla
Stare Miasto
Zydaczow
Satanow
Lisko
Drohobycz
Stry
Strypa
Sered
P O D O L I E N
Bartfeld
Turka
Swica
Halicz
Maryampol
Huziatyn
Czortkow
Bolechow
Jazlowiec
Zeben
Szevernik
Stanislawow
Tysmienica
Zaleszczyky
Kamjenjetz
Eperies
N. Berezna
Solotwina
Kolomea
Sniatyn
Chotin
Kaschau
Ungwar
BESSARABI
Czernowitz
Szerednye
Munkacz
Kuty
Pruth
Gönz
Tokaj
Theiss
Bodrog
Beregh
Szasz
N. Szöllös
Huszth
Wiznitza
Sereth
Radautz
Pietrozza
Szigeth
Suczawa
N. Kálló
Haiduck
Nemethi Szathmar
Neustadt
Gallacz
Kimpolung
Böszörmeny
N. Karoly
Samson
Debreczin
Erz-Geb
Tressenburg
Nassod
Szoboszló
Bistritz
Roman
Gross Wardein
Armenierstadt
Piatra
Berettyo
Szalonta
Salzgrub
KLAUSENBURG
R
N
S I E B E N B Ü R G E N
Békés
Csaba
Gyula
Thorenburg
Neumarkt
Szekl.